वैभव लक्ष्मी व्रत

प्रस्तुतिः डिवाइनभारत
चित्रांकनः सुजाता साहा

अनुमति के लिए संपर्क करें:
info.divinebharat@gmail.com
ISBN: 978-93-343-5123-1

हमसे जुड़ें:
https://www.divinebharat.co

विषय सूची

परिचय

वैभव लक्ष्मी व्रत एक अत्यंत महत्वपूर्ण हिन्दू उपासना है, जो धन, समृद्धि और वैभव की अधिष्ठात्री देवी माँ लक्ष्मी को समर्पित है। परंपरागत रूप से यह व्रत शुक्रवार के दिन रखा जाता है और यह माना जाता है कि इस व्रत के पालन से साधक के जीवन में भौतिक और आध्यात्मिक उन्नति होती है। अनेक श्रद्धालु इस व्रत को अपने सौभाग्य को बढ़ाने, पारिवारिक सौहार्द बनाए रखने तथा अपने व्यक्तिगत लक्ष्यों की प्राप्ति के लिए करते हैं।

यह व्रत गहरी धार्मिक परंपराओं से जुड़ा हुआ है और इसमें कई विधि-विधान तथा प्रार्थनाएँ श्रद्धा भाव से की जाती हैं। यह व्रत आस्था, अनुशासन और सकारात्मक गुणों के विकास का प्रतीक है। भक्त उपवास रखते हैं, विशेष मंत्रों का जप करते हैं और देवी लक्ष्मी की कृपा प्राप्ति हेतु विधिपूर्वक पूजन करते हैं।

इस पवित्र व्रत के माध्यम से साधक न केवल अपने जीवन में वैभव और संतुलन लाने का प्रयास करते हैं, बल्कि अपने परिवार एवं समाज के समग्र कल्याण हेतु भी प्रार्थना करते हैं। वैभव लक्ष्मी पूजन की शुरुआत भगवान गणेश की वंदना से होती है।

इसके बाद माँ लक्ष्मी की कथा का श्रवण या पठन किया जाता है और अंत में आरती के साथ पूजन सम्पन्न होता है।

इस व्रत के अंतर्गत वैभव लक्ष्मी व्रत की पुस्तिकाओं का **7, 11, 21, 51** या **101** लोगों में वितरण करना भी एक पुण्य कार्य माना जाता है, जिससे सामूहिक भक्ति का संदेश फैलता है।

यह पुस्तक इस व्रत से संबंधित सभी आवश्यक जानकारियों को सरल रूप में प्रस्तुत करती है – जैसे पूजन की विधियाँ, व्रत की कथा, पूजन के नियम, स्तुति मंत्र, देवी लक्ष्मी के यंत्र का विवरण, उनके विभिन्न स्वरूपों के चित्र, और आरती की प्रार्थनाएँ।

ऐसा विश्वास है कि जो साधक इस व्रत को निष्ठा और श्रद्धा से करते हैं, उनके मनोवांछित कार्य शीघ्र ही पूर्ण होते हैं।

वैभव लक्ष्मी व्रत के नियम ❖

- पूजन से पूर्व स्नान करें और पूरे दिन का व्रत रखें।
- इस दिन खट्टे पदार्थों के सेवन से बचें।
- व्रत के दौरान श्री यंत्र की पूजा करें।
- उपवास का समापन देवी लक्ष्मी को अर्पित खीर के प्रसाद से करें।

❖ वैभव लक्ष्मी व्रत पूजन विधि ❖

- वैभव लक्ष्मी व्रत की पूजा संध्या समय करना शुभ माना जाता है।
- संध्या में स्नान कर स्वच्छ वस्त्र धारण करें।
- किसी स्वच्छ स्थान अथवा मंदिर में एक चौकी पर लाल वस्त्र बिछाकर माँ लक्ष्मी की मूर्ति या चित्र स्थापित करें।
- एक कलश में जल भरें और उसके ऊपर गेहूँ या चावल से भरा कटोरा रखें।
- माँ लक्ष्मी की प्रतिमा के पास थोड़ा सा चावल बिछाकर उस पर कलश स्थापित करें।
- सबसे पहले माँ लक्ष्मी को जल अर्पित करें।
- फिर फूल, माला, वस्त्र, सिंदूर और चावल अर्पित करें।
- सफेद रंग की मिठाई या खीर का भोग लगाएँ।

- इसके पश्चात पुनः जल अर्पित करें।

• घी का दीपक प्रज्वलित करें, लक्ष्मी सूक्त का पाठ करें, वैभव लक्ष्मी व्रत कथा का श्रवण या पाठ करें और फिर मंत्रों का जाप करें।

❖ पूजन के बाद ❖

• अगले दिन कलश से चावल निकालकर उसे पकाएँ या पक्षियों को खिलाएँ।

• कलश का जल घर के चारों ओर छिड़कें।

❖ व्रत के अंतिम सप्ताह में ❖

• सुहागिन महिलाओं को आमंत्रित करें और उन्हें हल्दी, कपड़ा, कुमकुम, पीला धागा, नारियल तथा वैभव लक्ष्मी व्रत की पुस्तकें भेंट करें।

❖ गणेश वंदन ❖

वक्रतुण्ड महाकाय सूर्यकोटि समप्रभ।
निर्विघ्नं कुरु मे देव सर्वकार्येषु सर्वदा॥

❖ वैभव लक्ष्मी व्रत की कथा ❖

किसी शहर में अनेक लोग रहते थे। सभी अपने-अपने कामों में लगे रहते थे। किसी को किसी की परवाह नहीं थी। भजन-कीर्तन, भक्ति-भाव, दया-माया, परोपकार जैसे संस्कार कम हो गए थे। शहर में बुराइयाँ बढ़ गई थीं। शराब, जुआ, रेस, व्यभिचार, चोरी-डकैती वगैरह बहुत से गुनाह शहर में हो रहे थे। इन सबके बावजूद शहर में कुछ अच्छे लोग भी रहते थे।

ऐसे ही लोगों में शीला और उसके पति की गृहस्थी मानी जाती थी। शीला धार्मिक प्रकृति की और संतोषी स्वभाव वाली थी। उसका पति भी विवेकी और सुशील था। शीला और उसका पति कभी किसी की बुराई नहीं करते थे और प्रभु भजन में अच्छा समय व्यतीत कर रहे थे। शहर के लोग उनकी गृहस्थी की सराहना करते थे।

देखते ही देखते समय बदल गया। शीला का पति बुरे लोगों की संगति में पड़ गया। अब वह जल्द से जल्द करोड़पति बनने के सपने देखने लगा। इस

कारण वह गलत रास्ते पर चल पड़ा और परिणामस्वरूप वह रोडपति बन गया — यानी उसकी हालत सड़क पर भटकते भिखारी जैसी हो गई थी। शराब, जुआ, रेस, चरस-गांजा वगैरह बुरी आदतों में शीला का पति भी फँस गया। दोस्तों के साथ उसे भी शराब की आदत लग गई। इस प्रकार उसने अपना सब कुछ रेस-जुए में गँवा दिया।

शीला को अपने पति के व्यवहार से बहुत दुख हुआ, किन्तु वह भगवान पर भरोसा कर सब कुछ सहने लगी। वह अपना अधिकतम समय प्रभु भक्ति में बिताने लगी। अचानक एक दिन दोपहर को उनके द्वार पर किसी ने दस्तक दी। शीला ने द्वार खोला तो देखा कि एक माताजी खड़ी थीं। उनके चेहरे पर अलौकिक तेज़ निखरा हुआ था। उनकी आँखों से मानो अमृत बह रहा था। उनका भव्य चेहरा करुणा और प्यार से छलक रहा था। उन्हें देखते ही शीला के मन में अपार शांति छा गई। शीला के रोम-रोम में आनंद छा गया। शीला उस माताजी को आदर के साथ घर में ले आई। घर में बैठाने के लिए कुछ भी नहीं था, अतः शीला ने संकोच के साथ एक फटी हुई चादर पर उन्हें बैठाया।

माताजी बोलीं, "क्यों शीला! मुझे पहचाना नहीं? हर शुक्रवार को लक्ष्मी जी के मंदिर में भजन-कीर्तन के समय मैं भी वहाँ आती हूँ।" इसके बावजूद शीला कुछ समझ नहीं पा रही थी। फिर माताजी बोलीं, "तुम बहुत दिनों से मंदिर नहीं आई, अतः मैं तुम्हें देखने चली आई।"

माताजी के अतिप्रेमभरे शब्दों से शीला का हृदय पिघल गया। उसकी आँखों में आँसू आ गए और वह बिलख-बिलख कर रोने लगी। माताजी ने कहा, "बेटी! सुख और दुख तो धूप और छाँव जैसे होते हैं। धैर्य रखो बेटी! मुझे तुम्हारी सारी परेशानी बताओ।"

माताजी के व्यवहार से शीला को काफी संबल मिला और सुख की आस में उसने माताजी को अपनी सारी कहानी कह सुनाई। कहानी सुनकर माताजी ने कहा, "कर्म की गति न्यारी होती है। हर इंसान को अपने कर्म भुगतने ही पड़ते हैं। इसलिए तू चिंता मत कर। अब तू कर्म भुगत चुकी है। अब तुम्हारे सुख के दिन अवश्य आएँगे। तू तो माँ लक्ष्मी जी की भक्त है। माँ लक्ष्मी तो प्रेम और करुणा की अवतार हैं। वे अपने

तुम्हारी सारी परेशानी बताओ।"

माताजी के व्यवहार से शीला को काफी संबल मिला और सुख की आस में उसने माताजी को अपनी सारी कहानी कह सुनाई। कहानी सुनकर माताजी ने कहा, "कर्म की गति न्यारी होती है। हर इंसान को अपने कर्म भुगतने ही पड़ते हैं। इसलिए तू चिंता मत कर। अब तू कर्म भुगत चुकी है। अब तुम्हारे सुख के दिन अवश्य आएँगे। तू तो माँ लक्ष्मी जी की भक्त है। माँ लक्ष्मी तो प्रेम और करुणा की अवतार हैं। वे अपने भक्तों पर हमेशा ममता रखती हैं। इसलिए तू धैर्य रखकर माँ लक्ष्मी जी का व्रत कर। इससे सब कुछ ठीक हो जाएगा।"

शीला के पूछने पर माताजी ने उसे व्रत की सारी विधि भी बताई। माताजी ने कहा, "बेटी! माँ लक्ष्मी जी का व्रत बहुत सरल है। उसे 'वरलक्ष्मी व्रत' या 'वैभव लक्ष्मी व्रत' कहा जाता है। यह व्रत करने वाले की सब मनोकामनाएँ पूर्ण होती हैं। वह सुख-संपत्ति और यश प्राप्त करता है।"

शीला यह सुनकर आनंदित हो गई। शीला ने संकल्प

करके आँखें खोलीं तो सामने कोई न था। वह विस्मित हो गई कि माताजी कहाँ गईं? शीला को तत्काल यह समझते देर न लगी कि माताजी और कोई नहीं, साक्षात माँ लक्ष्मी ही थीं।

दूसरे दिन शुक्रवार था। सुबह स्नान करके स्वच्छ वस्त्र पहनकर शीला ने माताजी द्वारा बताई गई विधि से पूरे मन से व्रत किया। आख़िर में प्रसाद वितरण हुआ। यह प्रसाद पहले पति को खिलाया। प्रसाद खाते ही पति के स्वभाव में बदलाव आने लगा। उस दिन उसने शीला को मारा नहीं, सताया भी नहीं। शीला को बहुत आनंद हुआ। उसके मन में वैभव लक्ष्मी व्रत के लिए श्रद्धा बढ़ गई।

शीला ने पूर्ण श्रद्धा-भक्ति से इक्कीस शुक्रवार तक वैभव लक्ष्मी व्रत किया। इक्कीसवें शुक्रवार को माताजी के कहे अनुसार उद्यापन विधि करके सात स्त्रियों को वैभव लक्ष्मी व्रत की सात पुस्तकें उपहार में दीं। फिर माताजी के धन लक्ष्मी स्वरूप की छवि को वंदन करके भाव से मन ही मन प्रार्थना करने लगी —

"हे माँ धन लक्ष्मी! मैंने आपका वैभव लक्ष्मी व्रत

करने की मन्नत मानी थी, वह व्रत आज पूर्ण किया है। हे माँ! मेरी हर विपत्ति दूर करो। हमारा सबका कल्याण करो। जिसे संतान न हो, उसे संतान देना। सौभाग्यवती स्त्री का सौभाग्य अखंड रखना। कुँवारी लड़की को मनभावन पति देना। जो आपका यह चमत्कारी वैभव लक्ष्मी व्रत करे, उनकी सब विपत्ति दूर करना। सभी को सुखी करना। हे माँ! आपकी महिमा अपार है।" ऐसा बोलकर लक्ष्मी जी के धन लक्ष्मी स्वरूप की छवि को प्रणाम किया।

व्रत के प्रभाव से शीला का पति अच्छा आदमी बन गया और कड़ी मेहनत करके व्यवसाय करने लगा। उसने तुरंत शीला के गिरवी रखे गहने छुड़ा लिए। घर में धन की बाढ़-सी आ गई। घर में पहले जैसी सुख-शांति छा गई। वैभव लक्ष्मी व्रत का प्रभाव देखकर मोहल्ले की दूसरी स्त्रियाँ भी विधिपूर्वक वैभव लक्ष्मी व्रत करने लगीं।

हे माँ धन लक्ष्मी! आप जैसे शीला पर प्रसन्न हुईं, उसी तरह आपका व्रत करने वाले सभी भक्तों पर प्रसन्न होना। सभी को सुख-शांति देना।

जय धन लक्ष्मी माँ! जय वैभव लक्ष्मी माँ!

❖ श्री वैभव लक्ष्मी मंत्र – 1 ❖

या रक्ताम्बुजवासिनी विलासिनी चन्दांशुतेजस्विनी।
या रक्तरुधिराम्बराऽऽ हरिसखी या श्रीर्मनोराधिनी॥
या रत्नाकरमन्थनात् प्रगटिता विष्णोः स्वयं गेहिनी।
सा मां पातु मनोहरा भगवती लक्ष्मीः पद्मावती॥

❖ अर्थ ❖

हे देवी लक्ष्मी! आप जो लाल कमल में विराजमान हैं, अत्यंत मोहिनी हैं, जिनकी आभा सूर्य की किरणों के समान तेजस्वी है। आप जो रक्तवर्ण वस्त्रों से सुसज्जित हैं, भगवान हरि की प्रिया हैं, मन को आनंद देने वाली हैं, जो समुद्र मंथन से प्रकट हुईं, भगवान विष्णु की पत्नी हैं, कमल से उत्पन्न हुई हैं, और अत्यंत पूज्यनीय हैं — कृपया मुझे संरक्षण प्रदान करें।

❖ श्री वैभव लक्ष्मी मंत्र – 2 ❖

यत्राभ्यागतदानमान चरणं प्रक्षालनं भोजनं
सत्स्वां पितृदेवाःर्चनं विधिसतं गवां पालनम्।
धान्यानां नामपि सग्रहो न कलहच्छिता त्रिरुपा प्रियाः
दृष्टं प्रहा हरिवासमि कमला तस्मिन्गृहे निष्फलाः॥

❖ अर्थ ❖

मैं (कमला लक्ष्मी) सदैव उसी घर में निवास करती हूँ जहाँ अतिथियों का सम्मानपूर्वक स्वागत किया जाता है, उनके चरण धोकर उन्हें भोजन कराया जाता है; जहाँ देवताओं और पितरों की विधिपूर्वक पूजा होती है; जहाँ सत्य की मर्यादा रखी जाती है; जहाँ गौ-सेवा और रक्षण किया जाता है; जहाँ अन्न संग्रह किया जाता है जिससे दान भी किया जा सके; जहाँ कलह नहीं होता और जहाँ पत्नी संतुष्ट, विनम्र तथा सेवा भाव से युक्त होती है।

ऐसे सद्गुणों वाले घर में भगवान हरि और मैं, कमला, स्थायी रूप से वास करते हैं। इसके विपरीत घरों में मेरा कोई स्थायी वास नहीं होता।

❖ देवी का स्तोत्र ❖

१. महादेवि महालक्ष्मि नमस्ते त्वं विष्णुप्रिये
शक्तिदायिनि।
महालक्ष्मि नमस्ते दुःखभञ्जनि॥

२. श्रेयः प्राप्ति निमित्ताय महालक्ष्मि नमाम्यहम्।
पतितोद्धारिणि देवि नमाम्यहम् पुनः पुनः॥

३. वेदान्तं त्वां स्तुवन्ति हि शास्त्राणि च मुहुर्मुहुः।
देवा त्वां प्रणमन्ति हि लक्ष्मि देवि नमोऽस्तु ते॥

४. नमस्ते महालक्ष्मि नमस्ते भवभञ्जनि।
भक्तिमुक्तिः न लभ्यते महादेवि त्वयि कृपा बिना॥

५. सुख सौभाग्यं न प्राप्नोति पत्रे लक्ष्मि न विद्यते।
न तत्फलं समाप्नोति महालक्ष्मि नमाम्यहम्॥

६. देहि सौभाग्यम् आरोग्यं देहि मे परमं सुखम्।
नमस्ते आद्यशक्ति त्वं नमस्ते भिद्भञ्जनि॥

७. विधेहि देवि कल्याणं विधेहि परमं श्रियम्।
विद्वन्तं यशस्वन्तं लक्ष्मीवन्तं जनं कुरु॥

८. अचिन्त्यरूपचरिते सर्वशत्रुविनाशिनि।
अचिन्त्यरूपचरिते सर्वशत्रुप्रदायिनि॥

९. नमाम्यहम् महालक्ष्मि नमाम्यहम् सुरेश्वरी।
नमाम्यहम् जगद्धात्री नमाम्यहम् परमेश्वरी॥

Adi laxmi

Dhana Laxmi

Dhanya Laxmi

Gaja Laxmi

Vijaya Laxmi

Vidya Kaxmi

Santana Laxmi

Dhairya Laxmi

आरती

ॐ जय लक्ष्मी माता, मय्या जय लक्ष्मी माता
तुमको निसदिन सेवत, हर विष्णु विधाता - ॐ
उमा रमा ब्रह्माणी, तुम ही जगमाता
सूर्य चंद्रमा ध्यावत, नारद ऋषि गाता - ॐ

दुर्गा रूप निरंजनी, सुख-सम्पत्ति दाता
जो कोई तुमको ध्याता, रिद्धि-सिद्धि पाता - ॐ

तुम पाताल निवासिनी, तुम ही शुभ दाता
कर्म-प्रभाव-प्रकाशिनी, भव निधि की त्राता - ॐ

जिस घर में तुम रहती, सब सद्गुण आता
सब संभव हो जाता, मन नहीं घबराता - ॐ

तुम बिन यज्ञ न होवे, वस्त्र न कोई पाता
अन्न-पान का वैभव, सब तुमसे आता - ॐ

सुबगुण मंदिर सुंदर, क्षीरसागर जाता
रत्न चौदह तुम बिन, कोई नहीं पाता - ॐ

८. अचिन्त्यरूपचरिते सर्वशत्रुविनाशिनि।
अचिन्त्यरूपचरिते सर्वशत्रुप्रदायिनि॥

९. नमाम्यहम् महालक्ष्मि नमाम्यहम् सुरेश्वरी।
नमाम्यहम् जगद्धात्री नमाम्यहम् परमेश्वरी॥

9 789334 351231

Printed at Repro India Ltd.

८. अचिन्त्यरूपचरिते सर्वशत्रुविनाशिनि।
अचिन्त्यरूपचरिते सर्वशत्रुप्रदायिनि॥

९. नमाम्यहम् महालक्ष्मि नमाम्यहम् सुरेश्वरी।
नमाम्यहम् जगद्धात्री नमाम्यहम् परमेश्वरी॥

9 789334 351231

Printed at Repro India Ltd.